Schloß Kochberg

Schloß Kochberg, Gemälde, vermutlich von Karl von Stein, um 1820

Zwischen den Zeiten

Schloß Kochberg
Goethe bei Frau von Stein

Fotografien
Angelika Fischer

Text
Bernd Erhard Fischer

be.bra verlag
berlin.brandenburg

„Eine Liebe hatt' ich, sie war mir lieber als Alles,
Aber ich hab' sie nicht mehr; schweig und ertrag den Verlust."

Johann Wolfgang von Goethe

Inhalt

Dichtung und Wahrheit

Jede Erinnerung ist trügerisch. Jede Annäherung an die Schauplätze der Weltliteratur beruht auf Mythen und Wunschvorstellungen. Ein Ort, der Jahrhunderte in Bedeutungslosigkeit dahindämmerte, erhält durch einen kurzen Zeitabschnitt von kaum elf Jahren die höchsten Weihen. So dehnt sich eine Dekade zur Ewigkeit, während die folgenden Jahrhunderte zu einem bloßen Danach zusammenschnurren. Wir möchten den Ort sehen, an dem die zwei großen Liebenden tiefe Blicke wechselten. Einmal die Brücke zum Schloßhof überschreiten, über die der große Dichter so oft ging. Wir wünschen uns, einen Zipfel der Geschichte zu erhaschen, bevor der Besuch in Kochberg verweht ist.

Doch Goethe, der stets um Vergänglichkeit wußte, schrieb aus gutem Grund „Dichtung und Wahrheit" über seine Lebenserinnerungen, hatte er doch allzuoft erlebt, daß jeder Rückblick zur Verklärung wird.

Das weiße Schloß im Vorland des Thüringer Waldes, das heute mit südlichem Flair die Suchenden aus aller Welt empfängt, war zu Zeiten des Dichters ein alter, grauer Kasten, an dem der Putz bröckelte und Risse im Mauerwerk freigab. Goethe betrat das trutzige Hauptgebäude auch nicht über die heutige, steinerne Brücke von Süden her, sondern über einen schlichten Holzsteg an der Ostfassade. Der gotische Anbau am Westflügel, die hölzerne Parkbrücke fehlten, an der Stelle des kleinen Theaters mit seinem Säulenvorbau stand ein unscheinbares Haus mit einem Walmdach, und auch der Park, in dem er so oft schrieb und malte, war wohl nichts als ein großer Garten, in weiten Teilen struppig und unbestellt.

Und doch: die Faszination des Ortes, selbst wenn sie auf Illusionen beruht, ist ungebrochen. Noch immer ziehen braune Karpfen im klaren Wassergraben um das Schloß. Die Pappel an der Brücke wetteifert mit dem turmartigen Hauptgebäude. Ihr Rauschen mischt sich zum gläsernen Klang der Turmuhr. Im Innenhof erinnert ein Grabstein an die Herren von Kochberg, deren Andenken längst verblaßt ist.

Zwei Stockwerke des „Hohen Hauses“ am Ostflügel bewahren Erinnerungen an Goethe und Frau von Stein, an berühmte Freunde und Gäste, aber auch an die Söhne der Schloßherrin, die ihren Teil zur Geschichte beitrugen. Der Schreibtisch ist noch da, auf den Goethe seinen Namenszug schrieb, Möbel und Bilder, Gegenstände, die aus seiner und Charlottes Zeit stammen. Der Sekretär, den er seiner Freundin zum Geburtstag schenkte, der zierlich bemalte Ofenschirm, alles will auf die so oft wiederholte Geschichte hinaus: die große Liebe, die Inspirationsquelle vieler unvergeßlicher Werke, das romantische Paar im verschwiegenen Liebesnest. Doch Goethes Verhältnis zu Frau von Stein war widersprüchlich, wie auch seine Dichterexistenz nicht ohne Widersprüche blieb.

Suchend steigen wir in den Park hinauf, der uns vom Hügel her mit wilder Üppigkeit empfängt. Jahrhunderte alt die Bäume, weite, blumenübersäte Wiesen, dichtes Gebüsch. Eine Wasserrinne schlängelt sich durch die Wiesen, blinkt hier und da auf und mündet am Vorplatz des Theaters, von wo das Wasser direkt in den Wallgraben fließt. Wer dieser Rinne aufwärts folgt, trifft weiter oben auf einen kreisrunden See, in dem sich ein tempelartiges Badehäuschen spiegelt. Wenn Karl, Charlottes Sohn, hier mit seiner Amélie saß, ging der Blick bis hinab zu seinem Landsitz, der ihm so viel Mühe und Sorgen brachte.

Der Park verwilderte und konnte nur mit Mühen rekonstruiert werden. Auch hier also Dichtung und Wahrheit? Ein Stein bewacht kaum noch vorhandene Gräber. „Alles ist vergänglich“, erklärt eine Inschrift. Auch die Erinnerung. Sie muß, wer die Annäherung sucht, sich stets aufs Neue schaffen. So wird der Suchende selbst zum Erzählenden und schreibt sich die Geschichte von Kochberg, von Schloß und Park, von Goethe und der verehrten Charlotte neu, ein jeder auf seine Weise.

Annäherung über die Schloßbrücke

Gotisches Portal im Schloßhof

Laterne am Hohen Haus

Späte Ankunft in Kochberg

Sommer 1777. Es war eben dunkel geworden. In den Bäumen des Parks sangen die letzten Drosseln. Im Schloß war man schon dabei, die Kinder zu Bett zu bringen, als es plötzlich klopfte. Dorthee, die alte Dienerin, griff beherzt einen Leuchter und öffnete. Vor der Tür stand ein Mann, in einen leichten Mantel gehüllt. Als die Kerzen sein Gesicht erhellten, entfuhr der Dienerin ein Freudenschrei: „Der Herr Goethe! Zu so später Stunde?" Auch die Köchin kam herbeigestürzt. Kästner, der Hauslehrer, polterte die Treppe herab und zog eine Fahne von Pfeifenrauch hinter sich her. Die Kinder der Hausherrin, Karl und Ernst, dachten nicht mehr daran, schlafen zu gehen, sondern zogen sich wieder an. Zehn und zwölf Jahre alt, fühlten sie sich sehr wohl berechtigt, den Gast zu begrüßen. Nur Fritz von Stein, das fünfjährige Nesthäkchen, lag schon in tiefem Schlummer und merkte von alledem nichts. Karl behauptete neunmalklug, er hätte es den ganzen Tag gewußt, daß er kommen werde, der Herr Goethe, der berühmte Dichter, geheime Rat des Weimarer Herzogs und liebste Freund der Mutter. So wurde wieder Licht gemacht, Dorthee brachte Selzer Wasser, und Goethe begann zu erzählen, wie es ihm die Woche über ergangen war.

Seit einiger Zeit war ihm das Zeichnen nach der Natur immer wichtiger geworden. Stolz präsentierte er die neuesten Blätter, darunter eines vom Nordwestgiebel des Schlosses. Akribisch hatte er darin jede Einzelheit abgebildet, bis hin zu den Rissen im alten Gemäuer. Bis spät nach Mitternacht saßen sie zusammen und fanden kein Ende mit Erzählen und Lachen. Schöner wäre es gewesen, hätte Charlotte von Stein mit am Tisch gesessen. Die aber weilte in Pyrmont und pflegte dort ihren kranken Mann.

Goethe zog es dennoch immer wieder nach Kochberg. Er streifte mit den Kindern durch die Wälder, zeichnete im Park oder schrieb am Fenster seines Zimmers im zweiten Stock, von wo er einen unvergleichlichen Blick auf die Wiesen und Felder hatte, bis hinüber zu den Höhen des Thüringer Waldes. Erst wenn er zu Bett ging, wurde es ihm schwer ums Herz: *„... Es ist eine wehe Empfindung, daß Sie nicht da sind. Gute Nacht ... Müde bin ich und tausend Gedanken jagen sich mir im Kopfe"*, hatte er schon vor einer Woche der Freundin geschrieben und

morgens, vor dem Wegschicken des Briefes, noch hinzugefügt: „*Guten Morgen beste! Wie erstaunt und vergnügt war ich da aufgewacht. Ich hatte von Weimar geträumt und wache auf und finde mich hier – Und Sie nicht!...*"
Auch diesmal mußte er ihr seinen Besuch sofort mitteilen: „*Mir ist's diese Woche in der Stadt wieder sehr wunderlich gegangen, ich habe mich gestern herausgeflüchtet, bin um halbs sechs zu Fuß von Weimar abmarschiert und war um halb zehn hier...*"
Eine stolze Wanderung, diese 24 Kilometer von Weimar nach Großkochberg. Über Höhen ging es und Täler, durch Vollersroda, Buchfahrt, Saalborn, Schwarza und Hochdorf, über Neckeroda und dann den Berg hinab, von wo aus schon der kleine, spitze Schloßturm zu sehen war. Selbst zu Pferde, auf der Landstraße, benötigte er gute zwei Stunden hierher, und es bedurfte schon eines besonderen Grundes für seine Ausdauer.
In kaum eineinhalb Jahren war ihm Charlotte von Stein immer unentbehrlicher geworden. Wie kein Mensch zuvor schien sie ihn zu verstehen, nahm Anteil an allen seinen Gedanken, begleitete kritisch sein dichterisches Werk, milde, aber nicht ohne Strenge. Liebenswert und kühl zugleich war sie, mit großen, etwas müden Augen, die ihm nicht mehr aus dem Kopf gingen. War er anfangs eher verwirrt gewesen, so schien es ihm bald, als wenn er in dieser distanzierten Hofdame die Liebe seines Lebens gefunden hätte.
Sie war die Gattin des herzoglichen Oberstallmeisters und 1742 geboren, immerhin also sieben Jahre älter als Goethe. Er liebte sie, wenn er ihr wie ein Schüler gegenübersaß und seine Gedichte vorlas, und – merkwürdig! – er liebte sie mindestens so sehr in der Abwesenheit. Der Ort, der aus jedem Winkel ihren Geist atmete, der durchdrungen war von ihrer Persönlichkeit, war zum Mittelpunkt seiner Welt geworden.
Am 7. November 1775 war er, der junge Jurist aus Frankfurt am Main, voller Neugier in der thüringischen Residenzstadt Weimar eingetroffen, angetan mit einem blauen Rock mit Messingknöpfen und einer gelben Weste, mit Stulpenstiefeln und ledernen Hosen, genau jener Kleidung also, die er Werther, dem Helden seines Erfolgsromans, auf den Leib gedichtet hatte.
In die ärmliche Provinzstadt hatte ihn der liberale Geist der kunstsinnigen Herzoginmutter Anna Amalia gezogen, mehr noch der verehrte und geachtete Schriftsteller Christoph Martin Wieland, der am Sachsen-Weimari-

schen Hof als Prinzenerzieher arbeitete. Niemals hätte Goethe allerdings geglaubt, daß er schicksalhaften Boden betrat, die Stadt, die ihn ein Leben lang festhalten sollte und der Nachwelt untrennbar mit seinem Namen verbunden blieb.

Schloß Kochberg, Handzeichnung Goethes, vermutlich Juni/August 1777

Portal der gotischen Laube am Westflügel

Gotische Laube und Hohes Haus

Giebel des Westflügels

Gauben im Schindeldach

Die Holzbrücke zum Park

Das Liebhabertheater

Charlotte war gewarnt worden. Zum einen war da das Buch. „Die Leiden des jungen Werther“ hatten den 26jährigen Johann Wolfgang Goethe in allen deutschsprachigen Ländern berühmt gemacht: Da wird ein sentimentaler Jüngling seiner Liebe zur Braut des besten Freundes nicht Herr und erschießt sich. Welcher Skandal! In einer Welt, in der Gefühle den sorgsam ausbalancierten Gesellschaftsregeln unterzuordnen waren, plädierte ein junger Schriftsteller ganz unverblümt für die Leidenschaft. Die Jugend nahm diesen Appell sogleich wörtlich, ja manch ein Jüngling tat es dem unglücklichen Werther nach, Goethes Roman in der Jackentasche.

Die literarische Welt war voll des Lobes. Auch Wieland, der längst etablierte Großschriftsteller in Weimar, machte aus seiner Bewunderung keinen Hehl.

Charlotte von Stein, als Gesellschaftsdame im engsten Kreis der Herzoginmutter an strengste Zurückhaltung gewöhnt, hatte das Buch verschlungen. Es hatte sonderbare Empfindungen in ihr aufgewühlt. Und nun schrieb ihr der Gesellschaftsarzt und Philosoph Johann Georg Zimmermann: *„Sie verlangen, daß ich Ihnen von Goethe rede?… Ich werde sogleich über ihn berichten. Aber, arme Freundin, Sie bedenken es nicht. Sie wünschen, ihn zu sehen und Sie wissen nicht, bis zu welchem Punkt dieser liebenswürdige und bezaubernde Mann Ihnen gefährlich werden könnte!… Eine Frau von Welt, die ihn oft gesehen hat, hat mir gesagt, daß Goethe der schönste, lebhafteste, ursprünglichste und für ein Frauenherz gefährlichste Mann sei, den sie in ihrem Leben gesehen habe.“*

Dem Brief lag ein Stich aus Lavaters „Physiognomik“ bei, der die „Adlerphysiognomie“ des Schriftstellers zeigen sollte. Nun gut, Zimmermann neigte zur Übertreibung, wenn er hundert meinte, pflegte er tausend zu sagen. Aber als das Gerücht aufkam, der Berühmte würde in Kürze am Weimarer Hof eintreffen, um als Gesellschafter des eben volljährig gewordenen Herzogs Carl-August zu wirken, war die Spannung groß. Besonders die Damen am Hofe brannten vor Neugier. Um so größer war Charlottes Enttäuschung. Der da zwischen all den gepuderten und hochfrisierten Herrschaften stand, war kaum in Verbindung zu bringen mit Genie und Leidenschaft: Steif, ein wenig blaß, mit großen Augen und noch größerer Nase wußte er nicht, wo er seine Hände lassen sollte. Wenn er ging, schlenkerten seine Beine unsicher. Diesen linkischen, jungen Gecken hoftauglich zu machen, das würde eine schwere Aufgabe sein! Der junge Herzog schien einen Narren an ihm gefressen zu haben. Charlotte allerdings widerstrebte. Hätte sie gewußt, daß auch Goethe von ihrem Freund Zimmermann auf die Begegnung mit ihr vorbereitet worden war, wäre sie vermutlich vor Scham im Erdboden versunken.

Der Dichter lebte sich unerwartet schnell ein und schien seine Aufgabe ohnehin sehr eigenwillig zu interpretieren. Was sollte man von einem Fürstenerzieher halten, der des Nachts mit seinem Schützling peitschenknallend auf dem Marktplatz herumtobte und wilde Jagden mit ihm ritt, ganz abgesehen von nächtlichen Gelagen in abgelegenen Waldhütten? Schlimmer noch! War es recht, daß der frischgebackene, achtzehnjährige Landesvater gerade diesen ungehobelten Burschen zu seinem engsten Berater wählte, ihn schon bald an allen geheimen Ratssitzungen teilnehmen ließ, ihm ein Gartenhaus schenkte und ihm jeden Wunsch erfüllte? Ausgerechnet von ihr, Charlotte Ernestine Albertine Freifrau von Stein, seit elf Jahren verheiratet und Mutter von sieben Kindern, von denen ihr vier gestorben waren, von ihr, der reservierten, oft kränkelnden Hofdame, erwartete die Herzoginmutter einen mäßigenden Einfluß auf diesen Heißsporn?

Johann Wolfgang Goethe

Am 6. Dezember empfing Charlotte den Freund des Herzogs zum ersten Mal in Großkochberg, wo sie mit ihrem Mann, dem Oberstallmeister Josias von Stein, ein Gut besaß, ein altes Schloß, umgeben von einem Wassergraben. Charlottes Schwiegervater, Friedrich Christian Ludwig Freiherr von Stein, hatte es 1733 erworben, nachdem der Weimarer Landbaumeister Gottfried Heinrich Krohne es umgebaut hatte, dazu einige Dörfer und Ländereien, die ihr Gatte verpachtet hatte, blieb ihm doch wegen des Hofdienstes wenig Zeit zur Bewirtschaftung. Hier machte ihr der skandalöse Dichter artig seine Aufwartung und hatte Gelegenheit, die euphorische Beschreibung Zimmermanns zu überprüfen: „*Sie ist einige und dreißig Jahre alt, hat sehr viele Kinder und schwache Nerven. Ihre Wangen sind sehr rot, ihre Haare ganz schwarz, ihre Haut italienisch wie ihre Augen. Der Körper mager, ihr ganzes Wesen elegant mit Simplizität ...*"

Vielleicht waren es diese „italienischen Augen", die Goethe faszinierten, wohl auch die abweisende Strenge dieser Frau, vor der er sich zu beweisen hatte, das Fehlen jeder Koketterie, was ihn entwaffnete. Eine Rolle am Hof zu spielen war das eine, diese Frau zu erobern eine ungleich schwierigere Aufgabe. Als er Kochberg verließ, hatte er seinen Namen und das Datum mit Tinte auf ihre Schreibtischplatte geschrieben, wie es nur gute Freunde taten.

Geliebt in der Hofgesellschaft, gehaßt von den etablierten Beamten, entwickelte sich Goethes Einfluß auf den Weimarer Kleinstaat rasant. Er, der eigentlich ein Dichter sein wollte, sah sich mehr und mehr in die politischen Geschäfte des Herzogs verwickelt. Zwar arbeitete er am „Faust" und an „Wilhelm Meister", doch ging diese Arbeit schleppend voran, weil er den Ratssitzungen beiwohnen und den Herzog auf Reisen begleiten mußte. Mit Frau von Stein verkehrte er vor allem schriftlich. Fast täglich ließ er ihr Briefe zustellen, manchmal nur kleine „Zettelgen", begleitet von Blumen oder Gemüse aus seinem Garten im Park an der Ilm. Im Tagebuch begann er, jedes Treffen mit der verehrten Frau mit einem Sonnensymbol zu markieren. Charlotte sah mit gemischten Gefühlen die Zutraulichkeiten immer größer werden, verbat sich das „Du" in diesen Briefen und war doch gerührt, wenn ihr der Dichter schrieb: „*... Sie sind so lieb als Sie seyn dürfen um mich nicht zu plagen.*" Und wenig später: „*... Sollst mich auch ein Bissgen liebhaben. Es geht mir verflucht durch Kopf und Herz, ob ich bleibe oder gehe.*"

Er konnte längst nicht mehr gehen, sondern war dabei, seine Stellung in Weimar zu festigen, hatte längst seinem Freund Herder die Stelle als Hofprediger verschafft und sah sich mit immer neuen Ämtern überhäuft. Aus dem Dichter des „Werther" und des „Götz von Ber-

Charlotte von Stein

lichingen" war eine Amtsperson geworden. Immer wieder zog es ihn nach Kochberg. Hier fand er Ruhe zum Schreiben und einen Menschen, der aufmerksam sein Denken und Fühlen beobachtete. Gemeinsam lasen Charlotte und er Shakespeares Werke und Herders „Ideen zur Philosophie der Geschichte der Menschheit", begeisterten sich an der „Ethik" des Spinoza, übten sich im Zeichnen und Malen oder debattierten auf langen Rundgängen im Park. Sie waren Seelenverwandte.
In immer neuen Versen versuchte Goethe, diese seltsame Beziehung zu begreifen:

„Warum gabst du uns die tiefen Blicke,
Unsre Zukunft ahnungsvoll zu schau'n?
Unsrer Liebe, unserm Erdenglücke
Wähnend selig nimmer hinzutrau'n?
Warum gabst uns, Schicksal, die Gefühle,
Uns einander in das Herz zu sehn
Und durch all die seltenen Gewühle
Unser wahr Verhältnis auszuspähn?"

Sicher war er sich bewußt,daß er einer schönen Illusion anhing, fuhr er doch fort:

„…Sag, was will das Schicksal uns bereiten?
Sag, wie band es uns so rein-genau?"

Und die Antwort gab er sich gleich selbst:

„Ach, du warst in abgelebten Zeiten
meine Schwester oder meine Frau,
Kanntest jeden Zug in meinem Wesen,
Spähtest, wie die reinste Nerve klingt,
Konntest mich mit einem Blicke lesen,
Den so schwer ein sterblich Aug' durchdringt
Tropftest Mäßigung dem heißen Blute,
Richtetest den wilden, irren Lauf,
Und in Deinen Engelsarmen ruhte
Die zerstörte Brust sich wieder auf…"

Seine Schwester, seine Besänftigerin? Sollte es nur bei zaghaften Küssen, beim Austausch zärtlicher Zettel bleiben? War er, der Schriftsteller, auf ewig dazu verurteilt, seine Liebe schriftlich zu leben? Unvergessen blieb die Geliebte Lilly Schönemann in Frankfurt, die engelsgleiche, der er trotz aller Bemühungen nie nähergekommen war. Sonderbar, daß er seit Jahren glühende Briefe mit der Gräfin Auguste von Stolberg wechselte. Die aber lebte in einem Kloster im schleswig-holsteinischen Uetersen. Er hatte sie nie zu Gesicht bekommen. Nun liebte er Charlotte von Stein, ja er betete sie an! Kein Tag verging, ohne daß er ihr Liebesbeweise erbrachte. Er zeichnete

Charlottes Schreibtisch, auf den Goethe seinen Namen schrieb
(Aufnahme aus dem Jahr 1957)

Der Sekretär, den Goethe für Charlotte entwarf

für sie, kümmerte sich um ihre Söhne, nahm Fritzchen, ihren Jüngsten, wie seinen eigenen Sohn in sein Weimarer Haus und unterrichtete ihn, trotz der hohen beruflichen Beanspruchung durch seine vielen Ämter. Die sonst so kühle Charlotte hatte es ihm übel angerechnet, als er die schöne Schauspielerin Corona Schröter aus Leipzig für das Hoftheater engagierte, dessen Direktor er war, und daß er ihr kurz danach schrieb: *„Die Schröter ist ein Engel – wenn mir doch Gott so ein Weib bescheren wollte, dass ich Euch könnt' in Frieden lassen – Doch sie sieht Dir nicht ähnlich genug!"*

Eifersüchtig schien Charlotte also zu sein. Aber wenn er auf eine eindeutige Liebeserklärung hoffte, schwieg sie. Sein Drama „Iphigenie auf Tauris" nahm unterdessen klare Form an. Er selbst spielte den Orest in der ersten Aufführung am Hoftheater, Corona die Titelrolle, obgleich er wohl eher Charlotte in dieser Figur verkörpert sah. Am 7. September 1779 ernannte ihn der Herzog zum Geheimen Rat und damit zum Minister des kleinen Staates. Der Dichter war eben dreißig Jahre alt. Charlotte hatte ihm zum Geburtstag eine Weste geschenkt. War sie es nicht, die immer wieder seine Gefühle anfachte? Im April 1780 schickte sie ihm einen Ring, in den sie seine Initialien hatte eingravieren lassen. Goethe revanchierte sich: Als man ihn am 23. Juli in die Freimaurerloge „Anna Amalia zu den drei Rosen" aufnahm, erhielt Charlotte die weißen Handschuhe, die ein Logenbruder nur einmal, an die Dame seines Herzens, verschenken darf. Noch heute findet sich in Kochberg ein Sekretär mit kostbaren Intarsien, den Goethe nach eigenen Entwürfen für die Freundin anfertigen ließ. Auch ein bemalter Kaminschirm wird seiner Hand zugeschrieben.

Aber er verzweifelte immer aufs Neue an der Geliebten, die stets erklärte, sie könne nicht „instinktmäßig lieben". Die Briefe, die er ihr nach Kochberg schrieb, die Verse, die er ihr widmete – Worte über Worte –, änderten nichts an dieser Zurückhaltung:

„Recht feierlich, liebe Lotte, möcht' ich Dich bitten, vermehre nicht durch dein süßes Betragen täglich meine Liebe zu Dir…"

„Lebe wohl, und wenn eine Bitte bei Dir Statt findet, so wecke Amor nicht, wenn der unruhige Knabe ein Kissen gefunden hat und schlummert."

„Ja, liebe Lotte, jetzt wird es mir erst deutlich, wie Du meine eigene Hälfte bist und bleibst. Ich bin kein einzelnes, kein selbständiges Wesen…"

Was war das für eine Frau, die ihm so unentbehrlich war und ihn doch auf Distanz hielt, wenn er sie in die Arme schließen wollte? Forderte sie nicht zugleich absolute Ergebenheit? Quälte sie ihn nicht mit Verhaltensmaßregeln, Tadel und Eifersucht? Kaum war er mit dem Herzog auf Reisen, verfolgten ihn ihre Briefe.

„Den einzigen, Lotte, welchen Du lieben kannst,
forderst Du ganz für Dich und mit Recht“,

beruhigte er sie von Leipzig aus.

„Auch ist er einzig dein.
Denn seit ich von Dir bin
Scheint mir des schnellsten Lebens
lärmende Bewegung
Nur ein leichter Flor durch den ich Deine Gestalt
Immerfort wie in Wolken erblicke,
Sie leuchtet mir freundlich und treu
Wie durch des Nordlichts bewegliche Strahlen
Ewige Sterne schimmern.“

Seine Liebe zu Charlotte, die innige geistige Freundschaft, die tiefen Blicke, aber auch die verzehrende Sehnsucht, dieses Hin und Her, dieses Luftgespinst einer Beziehung, war es Wirklichkeit oder gehörte es dem Reich der Dichtung an? Was für eine sonderbare Dichtung auch, die nur aus Briefen und Zetteln bestand.

Nun war er ein Gefangener, ein Gefangener seiner eigenen Phantasie, aber auch der vielen Ämter die er – ihr zuliebe? – angenommen hatte. Vielleicht ließ sich in die Arbeit flüchten. Kaum eine Kommission, die ihm nicht unterstand: die Bergwerks- und die Kriegskommission, die Kommission für Wege- und Wasserbau, das Finanzressort, die Kammer, die Leitung des Theaters …

Als Beamter fühlte Goethe sich eingeengt. Er hatte kaum noch Zeit für sich selbst, geschweige denn für seine Kunst. Wie hatte er seiner Brieffreundin Auguste Stolberg geschrieben:

„Alles geben die Götter die unendlichen
Ihren Lieblingen ganz
Alle Freuden die unendlichen
Alle Schmerzen die unendlichen ganz.“

Wassertrog unterhalb des Wallgrabens

Am Theatervorplatz

Auffangbecken der Wasserrinne

Die Wasserrinne im Park

Der Badetempel

Ein Komödiant auf Goethes Spuren

Der Herzog Carl August hatte es schnell erkannt – eine *„Horde Affen“* war Goethe nach Weimar gefolgt. Kaum ein Jahr nach des Dichters Ankunft und kometenhaftem Aufstieg im thüringischen Kleinstaat turnten sie in der Stadt herum, drängten an die herzogliche Tafel und hielten sich dicht bei Goethe: Die „Stürmer und Dränger“, die „Goethianer“, Klinger, Wagner und Lenz. Besonders letzterer, Jacob Michael Reinhold Lenz, schien wie eine Klette an ihm zu hängen. Gnomenhaft und voller skurriler Streiche alberte er in der vornehmen Gesellschaft herum und verließ sich offenbar ganz auf Goethes schützende Hand. Der hatte die Ankunft des alten Freundes aus Straßburger Studentenzeiten im April 1776 zunächst als willkommene Unterstützung begriffen, hielt er doch Lenz für ein „forciertes Talent“. Er konnte sich dabei auf Herder, Klopstock, Wieland und Lessing stützen, die in Lenz den langersehnten „Reformator des Lustspiels“ begrüßten. Seine Stücke galten als „wüst und unsittlich“ und zeigten oft fatale Ähnlichkeiten mit Goethes Werken, was dieser generös zu übersehen schien. Lediglich einmal, kurz nach dem Erfolg des „Götz von Berlichingen“, hatte es Lenz zu weit getrieben. Er sandte seinem großen Vorbild eine Schrift mit dem seltsamen Titel „Unsere Ehe“ zu, in der er ihrer beider Talente gleichrangig nebeneinander stellte.

Kaum in Weimar, begann Lenz, Frau von Stein schöne Augen zu machen. Charlotte, beeindruckt von den Englischkenntnissen des sonderbaren Poeten, war entzückt und lud ihn nach Kochberg ein, um ihr Unterricht zu geben. Goethe wurde während dieser Zeit nicht dort eingeladen. Er bebte innerlich vor Wut: *„Ich schicke Ihnen Lenzen, endlich hab ich's über mich gewonnen. O Sie haben eine Art zu peinigen wie das Schicksal, man kann sich nicht darüber beklagen, so weh es tut. Er soll Sie sehen, und die zerstörte Seele soll in Ihrer Gegenwart die Balsamtropfen schlürpfen um die ich alles beneide …“*

Im Tagebuch notierte Goethe: *„Früh war Lenz da wegen Kochberg. Reine Trauer des Lebens.“*

Sollte dies die Rache für seine harmlose Freundschaft mit der Schauspielerin Corona Schröter sein? Lenz allein mit Charlotte in Kochberg … Jetzt stieg es dunkel wieder in ihm auf: die Penetranz, mit der sich Lenz nach Goethes Abschied von Straßburg an dessen Schwarm Friederike in Sesenheim herangemacht hatte, die unglaubliche Nachäfferei, die Anmaßung. Hätte er gewußt, daß Lenz dem klatschsüchtigen Doktor Zimmermann erklärt hatte, seine Reise nach Weimar werde für das Vaterland wichtiger sein als für ihn selbst – er hätte alles getan, um diesen Burschen fern zu halten. Und nun also Kochberg! War nicht der Major von Knebel, einer von Goethes besten Freunden, häufig dort? Auch er verehrte, ja liebte Charlotte und las ihr aus seinen Werken vor. Da gab es keine Eifersucht. Aber Lenz! Er konnte ihn dort sitzen und „tiefe Blicke“ mit der Hausherrin tauschen sehen. Ein krankes Kind war er, ein *„kleines Ungeheuer*“.

Doch das Übel hatte bald ein Ende. Im November meinte Lenz wieder einmal, an der herzoglichen Tafel in Weimar für Unterhaltung sorgen zu müssen. Die Anspielungen auf Goethe und Charlotte wurden immer dreister. Nicht genug, er schien auch noch mit der Herzogin Luise kokettieren zu wollen! Der Herzog und sein Minister waren sich einig: der Schelm sollte fort.

Am 28. November 1776 mußte Lenz wegen seiner „Eseley“ Weimar für immer verlassen. Wenig später erfuhr man vom Ausbruch einer Geisteskrankheit, die ein Jahr später sogar lebensbedrohende Züge annahm. In der Obhut eines Pfarrers im österreichischen Steintal versuchte er mehrmals, sich tödliche Verletzungen zuzufügen. Diese Szene sollte später die Grundlage zu Georg Büchners Meistererzählung „Lenz“ bilden.

Goethe aber, der endlich wieder nach Kochberg durfte, fand dort ein Gedicht des unglücklichen Konkurrenten vor:

„So soll ich dich verlassen, liebes Zimmer
Wo in mein Herz der Himmel niedersank
Den ich aus ihrem Blick, wie selig,
aus dem Schimmer
Der Gottheit auf der Wange trank…
…Auch ich sah ihren Pfad, auch mir
War es vergönnt, ein Röschen drauf zu streuen,
Zur Priesterin des Gottes sie zu weihen
Und hinzuknien vor ihm und ihr…“

„Er hatte nämlich einen entschiedenen Hang zur Intrige“, schrieb Goethe später, *„und zwar zur Intrige an sich, ohne daß er eigentliche Zwecke… dabei gehabt hätte… Auf diese Weise war er zeitlebens ein Schelm in der Einbildung, seine Liebe wie sein Haß waren imaginär, mit seinen Vorstellungen und Gefühlen verfuhr er willkürlich, damit er immerfort etwas zu tun haben möchte.*“

Die künstliche Turmruine

Grottenwand

Die Grotte

Im Blumengarten

Das Leinwandhäuschen

Der ausgestopfte Ehemann

Oktober 1786. Der Oberstallmeister Gottlob Ernst Josias Friedrich Freiherr von Stein sitzt, in Hausrock und Reitstiefeln, in seinem Lehnstuhl und raucht Pfeife. Vor ihm, unruhig auf- und abgehend, seine Gattin Charlotte im weißen Kleid. Sie will endlich reinen Tisch machen. Ihr Freund Goethe hat sie verlassen. Während eines gemeinsamen Kuraufenthalts in Karlsbad hat er sich des Nachts aus dem Staube gemacht – nach Italien, wie sie später erfahren wird. Es ist Zeit für ein Geständnis, bevor der Herr Gemahl triumphieren kann. Deshalb redet sie, redet und redet, sieht immer wieder nervös aus dem Fenster, lauscht auf das Posthorn ... es könnte Nachricht von Goethe kommen. Josias erträgt ihren Redeschwall geduldig. Er ist ausgestopft.

Als Peter Hacks die Uraufführungen seines Monodramas „Gespräch im Hause Stein über den abwesenden Herrn von Goethe" 1976 in Dresden und Berlin erlebte, konnte er nicht ahnen, daß das Stück über 200 Inszenierungen in 21 Ländern erleben würde. Noch immer also war die Neugier groß, mehr zu erfahren über diese mysteriöseste Liebesbeziehung der Literaturgeschichte, über Goethe als Liebhaber und über die sonderbare Rolle von Charlottes Ehemann. Und wieder scheint die Annäherung an die Wahrheit nur in der literarischen Spiegelung möglich, sind doch die historischen Quellen höchst einseitig: Kurz nach Goethes Flucht nach Italien forderte die maßlos enttäuschte Charlotte all ihre Briefe zurück und ließ sie vernichten. Sie konnte nicht ahnen, daß sie dadurch noch Jahrhunderte später Anlaß zu gewagtesten Spekulationen geben würde.

In Peter Hacks' Stück geht sie mit beiden ins Gericht: mit Goethe, den sie einen Flegel nennt, einen Schwärmer und Tagedieb, der das Recht, ungezogen zu sein, allein daher nahm, daß er Dichter war. Mit Stein wegen der vielen Schwangerschaften: *„Der Vater war bereit, mich mit dem Stock ums Leben zu bringen, Sie, Josias, mit dem Wochenbett!"*

An der großen Parkwiese

Josias von Stein

Sie war gerade zweiundzwanzig, als sie den Stallmeister der Herzogin Anna Amalia heiratete. Gut aussehend, charmant, ein passabler Tänzer und der beste Reiter des Herzogtums, war er gewiß keine schlechte Partie. Zudem brachte er das Gut Großkochberg mit in die Ehe, einen Landsitz, der ihm zeitlebens zwar kaum Erträge einbrachte, der aber für die sensible Charlotte ein Ort des Rückzugs von der anstrengenden Hofgesellschaft war.

1735 geboren, war Josias von Stein sieben Jahre älter als seine Frau. Als er 1774 in den Dienst des jungen Herzogs wechselte, übernahm er damit eine solche Fülle von Aufgaben am Hof, an der Tafel und als Reisebegleiter seines Herrn, daß ihm wenig Zeit für seine Familie, geschweige denn für die Landwirtschaft blieb. Zeitweilig verpachtet, verschlechterte sich die wirtschaftliche Lage des Gutes immer mehr, obwohl Charlotte große Anstrengungen unternahm, den stets abwesenden Ehemann durch resolutes Eingreifen zu ersetzten.

Josias von Stein schien wenig Anstoß am Auftauchen des jungen Goethe zu nehmen, beförderte dessen und Charlottes Briefe ohne Argwohn und zeigte sich auf gemeinsamen Reisen mit Goethe und dem Herzog stets von seiner liebenswürdigsten Seite. Man hielt ihn für gutmütig, aber etwas beschränkt. In der Tat litt er oft unter heftigsten Kopfschmerzen und Depressionen, partiellen Lähmungen und Krampfanfällen. Unermüdlich versah er seine Arbeit, experimentierte in einem eigenen Laboratorium mit neuen Lackmischungen für die herzoglichen Kutschen und unterbrach die Arbeit lediglich für kurze Kuraufenthalte, wenn sein Leiden überhand nahm. Charlotte hatte mit ihm sieben Kinder, vier Töchter und drei Söhne. Doch den Tod seiner Töchter erlebte Josias von Stein meist in der Abwesenheit.

Der Autor Klaus Tudyka läßt ihn persönlich auftreten: In seinem Stück „Mann von Stein – Monolog des Dritten im Bunde“ betritt er Charlottes Zimmer, die Reitgerte unter dem Arm, eine Spieldose als Geschenk in der Hand. Diesmal ist sie, die Gattin, abwesend. Der Herr Gemahl ist belustigt: Die Zeichnungen, die sie nach Goethes Schulung anfertigte, liegen auf dem Tisch, dabei ihre Gitarre, die sie so lieblich zu spielen versteht. Amüsiert bemerkt er die Kaffeetasse. Hatte nicht Goethe stets ihren Kaffekonsum getadelt, weil er ihr empfindliches Nervensystem vollends ruiniere? Der Dichter aber ist in Italien – und schickt seiner Freundin später sogar 25 Pfund Kaffee aus Venedig.

Josias gesteht dem Publikum, daß er heimlich die Briefe Goethes gelesen hat. Die Eifersucht habe ihm nicht so recht aufkommen wollen, zu verworren, zu schwankend, in stetem Auf und Ab waren sie gehalten. Und schließlich, sollte er den Freund des Herzogs zum Duell fordern? Er erkennt die „Papiersinnlichkeit" dieser Beziehung: *„Muß man mit Blut abwaschen, was Tinte auf Papier anrichtet?... Ich bitte Sie – Lyrik ist doch kein Scheidungsgrund... war sie nicht bloß sein zur höchsten Schönheit erhobenes Phantombild, die Projektion seiner Sinne und Sinnlichkeit?"*

Das sieht Peter Hacks' Charlotte anders: Sie habe sich ihrem Bedränger hingegeben, offenbart sie dem schweigsamen Ehemann, wie sie ohnehin nicht frei sei von körperlicher Lust – was ihn sehr in Erstaunen versetzen müsse. Goethe jedoch *„... hatte seine Gelegenheit, und – er versagte."*

Seit zwei Jahrhunderten also Ungewißheit: Goethe, der feurige Liebhaber, der Frauenheld und Schürzenjäger? Oder der schöngeistige Hypochonder, der die Frauen meist verließ, wenn es ernst wurde?

Aus Italien kamen vorwurfsvolle Briefe: *„Ach liebe Lotte, Du weißt nicht, welche Gewalt ich mir angetan habe und antue und daß der Gedanke, Dich nicht zu besitzen mich doch im Grunde – ich mag's nehmen und stellen und legen, wie ich will – aufreibt und verzehrt."*

Mag er, wie es die Forschung beweisen will, erst dort im Süden zu ungetrübter Sinnlichkeit gefunden haben; in der Dichtung der Nachwelt spiegeln sich zahlreiche Goethes und viele Charlotten, wie sie verschiedener nicht sein können. Die Möglichkeit ist das Feld der Literatur, nicht aber die Wirklichkeit.

Holzschuppen am Kornhaus

Am Schuppen

Ein Gutsherr küßt die Musen

Es ist nur ein kurzer Weg über die Holzbrücke zum sonnigen Vorplatz des Kochberger Liebhabertheaters, zu jener Stelle vor dem Säulenportal, wo Karl von Stein gestanden hat: Im langen, tiefblauen Rock, den Zirkel in der linken Hand, prüft er Details auf seiner Bauskizze. Neben ihm ein junger Maler, Palette und Pinsel mit sich führend, der ihm ermunternd zuspricht. Hinter ihm arbeiten zwei jugendliche Steinmetzen an einer Römerstatue. Eine Säule des Theaters ragt noch ins Bild. „Der Bauherr und seine Gesellen" ist es betitelt. Vermutlich hat Stein es selbst gemalt.

Der Bauherr mit seinen Gesellen, Gemälde,
Karl von Stein zugeschrieben, um 1825

Auch zwei weitere Ölgemäde von 1825, eine Gesamtansicht des Schloßkomplexes und ein Blick auf den Theatervorplatz mit der Eingangshalle, könnten von seiner Hand stammen. Beide zeigen Kochberg beinahe, wie wir es heute kennen. Doch war es ein mühevoller Weg gewesen, aus Goethes „Schwarzem Schloß hinter den Bergen" seinen südlich-anmutigen Landsitz zu machen. Lange Zeit hatte die Mutter versucht, das Gut in Ordnung zu halten. Sie fürchtete stets, von den Pächtern betrogen zu werden, vertiefte sich mit Eifer in die Landwirtschaft, baute Kartoffeln an und kaufte Milchkühe. Doch Charlotte von Stein war keine Landwirtin, ebensowenig wie ihr Gatte Josias. Goethe merkte lakonisch an, *„...daß ein Mensch der seine Lebenszeit am Spieltisch zugebracht hat, nicht ein Bauer werden kann."*
Charlottes Unglück nahm seinen Lauf: der einzige, liebste Freund abtrünnig in Italien, der Sohn Ernst 1787 an Knochenkrebs gestorben, der Ehemann leidend und unfähig, sich um das Familiengut zu kümmern. Auch die verbliebenen Söhne Fritz und Karl konnten nicht helfen, weil der eine in Breslau weilte und der andere in Schwerin in Diensten stand. Karl allerdings war sofort an ihrer Seite, als 1793 der Vater starb. Im Gehirn des Toten fanden die Ärzte einen Knochensplitter, der wohl von einem frühen Sturz

Das Liebhabertheater

herrührte. Für Karl von Stein stand fest: Von nun an wollte er Kochberg allein bewirtschaften. Sein Dienst beim Großherzog von Mecklenburg gefiel ihm ohnehin nicht, jetzt war sein Platz in der Heimat. Doch gab es da Schwierigkeiten zu gewärtigen: Sein Bruder Fritz, Lieblingssohn der Mutter, gehätschelt von der Weimarer Hofgesellschaft und aufgewachsen an der Seite Goethes, schien unfähig, sein Leben selbst in die Hände zu nehmen. Er diente in Preußen ohne festes Gehalt und trug sich nach dem tragischen Tod seiner jungen Frau mit dem Gedanken, ein eigenes Gut in Schlesien zu erwerben. Die Mutter hatte zudem ein Anrecht auf eine ordentliche Rente. Das hieß Fritzchen mit 40.500 Reichstalern abfinden, einer Summe, die sich kaum wieder erwirtschaften ließ.

Charlotte dagegen sah ihren Liebling noch übervorteilt und konnte überhaupt nur an ihrem Ältesten herumnörgeln: Sein Obstanbau sei dilettantisch, fand sie, wenn er ihr Melonen brachte, vermißte sie Pfirsiche, seine Spargel schmeckten nicht süß genug, seine Milchwirtschaft sei falsch eingerichtet ... kurz, er konnte ihr nichts recht machen. Karl ertrug die Launen der Mutter mit großer Geduld und zürnte auch seinem Bruder nicht. Er wollte seiner jungen und hübschen Frau Amélie, einer geborenen von Seebach, ein kultiviertes Heim schaffen, einen anmutigen Park, ganz im naturnahen Stil der Zeit, mit künstlichen Ruinen, Grotten und Wasserläufen. Er ließ den uralten Grabstein eines Bernhard von Kochberg im Schloßhof anbringen, obwohl dieser mittelalterliche Herr eigentlich in Heilingen ansässig gewesen war. Karl von Stein legte großen Wert auf Tradition und Geschichte.

Das Herzstück des Anwesens sollte ein eigenes Theater sein. Vielleicht gar ein kleines, ländliches Musenzentrum, ein Abglanz des fürstlichen Weimar? Trug er nicht selbst liebevolle Erinnerungen an Goethe im Herzen, den väterlichen Freund? Gewiß, dessen Ziehkind war Fritz gewesen, und der Vater war immer sehr merkwürdig gestimmt, wenn der Geheime Rat Geschenke brachte. Karl hat berichtet, er habe damals sogar einen Degen und eine goldene Uhr zurückgeben müssen. Nach der Italienfahrt war der Dichter nur noch einmal nach Kochberg zurückgekehrt, im Kreise der Damen Caroline Herder, Sophie von Schardt und Charlotte von Lengefeldt, der späteren Gattin Schillers. Aber Charlotte hatte ihn so eisig empfangen, daß er nie mehr hier heraus kam. Sie konnte ihm seine plötzliche Abreise nicht verzeihen. Karl wollte nun selbst die Kultur nach Kochberg zurückbringen. Ein barockes Gartenhaus ließ er nach eigenen Plänen im Mittelbau aufreißen und nach hinten den Bühnenraum, nach vorn aber den mächtigen Säulenvorbau ansetzen. Die Schwierigkeiten waren immens. Es mangelte an Arbeitskräften, die wenigen verfügbaren Handwerker waren unzuverlässig und faul, und hinter alledem standen die Besserwisser aus der vornehmen Gesellschaft und zerrissen sich die Mäuler über die „schlechte Wirtschaft" des jungen Gutsherrn. Wie sollte er unter diesen Umständen Erträge erzielen und zugleich seine ehrgeizige Parkgestaltung voranbringen?

Als Napoleons Truppen 1806 in der Schlacht bei Jena und Auerstädt über Preußen siegten und auch die Residenzstadt Weimar besetzten, blieb auch die Familie von Stein nicht ungeschoren: Charlottes Stadtwohnung an der Ackerwand wurde geplündert und verwüstet. Kochberg entging zwar den Kriegshandlungen, doch wurden alle jungen Gutsarbeiter für die französische Armee rekrutiert, und viele ließen ihr Leben. Auch Karls Pferde wurden beschlagnahmt. *„Meine arme Frau hat seit Februar kein Geld kriegt ... und doch führt sie ihre Wirtschaft so freundlich und ruhig fort als vorher. In zehn Wochen haben wir noch kein Pfund Zucker verbraucht und eben ein halbes Pfund echten Kaffee"*, schrieb er an die Mutter in Weimar. Man arbeitete zäh und verbissen weiter, trank Kaffee aus gebrannten Möhren und ging alle Wege zu Fuß.

Daß Karls Projekt mit den Jahren dennoch Form annahm, ist wohl wesentlich auf die harmonische Ehe mit Amélie zurückzuführen, deren heiteres Gemüt sich aufs beste mit seinem trockenen Humor ergänzte. Sie hatten zwei Söhne, die Karl und Fritz hießen, und eine Tochter nahmens Luise. Amélie ertrug alle Widernisse geduldig und verfolgte Karls Umbaupläne mit großem Interesse. Mauern und Treppen des Schlosses wurden ausgebessert, die Brücken erneuert und eine steinerne Laube mit gotischem Giebel vor den Westflügel gesetzt. Im Park entstanden romantische Winkel, die Goethes „Wahlverwandschaften" entliehen sein konnten: eine künstliche Turmruine, ein Blumenparterre, an dessen Ende ein leinwandbespanntes Häuschen steht, ein schattiger Grottenplatz mit megalithisch anmutenden Felswänden und – weiter oben im Park – ein kreisrunder Teich mit kristallklarem Wasser aus einer Quelle am Berghang. Ein verschwiegenes Badetempelchen lud dort zu

Das Liebhabertheater

fröhlichen Badefesten mit den Kindern und Freunden ein.
Den Höhepunkt ihres stillen Glücks bildeten unzweifelhaft die Aufführungen im Liebhabertheater. Verwandte, Kinder, Freunde und künstlerisch ambitionierte Dorfbewohner gestalteten das Programm, zu dem Singspiele, Deklamationen und kleine Komödien gehörten, nicht wenige davon aus der Feder des Schloßherrn. Die größte Stütze waren ihm dabei seine Freunde, der Maler Heinrich Cotta und der fürstliche Hofsänger Albert Methfessel, der für das musikalische Programm verantwortlich zeichnete.
Auch Amélies Geburtstage boten Anlaß für festliche Aufführungen. Am 8. Januar 1820 sollte Karls Kammerspiel „Don Ranudo" Premiere haben. Für die Rolle der Dona Olympia hatte sich ein männlicher Darsteller, der Rudolstädter „Sangmeister, acteur und solotänzer Monsieur Baumgärtler" engagieren lassen, doch war dies leider eine Fehlbesetzung, *„... denn als man schon Lichter, Kronleuchter und Lampen angezündet hatte und die Violinen im Stimmen sich übten, kam der Acteur Imhoff atemlos gelaufen mit der Schreckensnachricht, daß die Dona Olympia im höchsten Grad von einem bezeugten Unwillen desertiert sey*", berichtet Karl von Stein.
Man setzte der Dona Olympia eilends nach und fing sie noch rechtzeitig ab, bevor sie in Eis und Schnee und Dunkelheit verschwinden konnte. Ein Racheakt, stellte sich später heraus, für eine frühere, ganz zufällige Kränkung durch den Herrn des Theaters. *„... da sie nun einmal eingefangen war, so mußte sie auch spielen und spielte zum Entzücken, u. daß die Mutter sie wirklich für ein Frauenzimmer hielt ...*"
Charlotte von Stein, kränklich und schwach, besuchte immer noch gern die Festlichkeiten des Sohnes in Kochberg. Zwar hatte sie ihr Testament mehrmals zugunsten des Lieblingssohnes Fritz geändert, doch mußte sie längst anerkennen, daß Karl im Ganzen erfolgreicher war als sein Bruder in Preußen, dem fast alles mißlang, was er anfaßte.
Daran daß sich endlich durch eine glückliche Heirat ihres jüngsten Enkelsohnes Karl auch die wirtschaftliche Lage Kochbergs zu bessern begann, konnte Charlotte von Stein nicht mehr Anteil nehmen. Sie starb am 6. Januar 1827 im Alter von 85 Jahren. Nur drei Jahre später starb Ameliés und Karls ältester Sohn Fritz an Tuberkulose. Karl beerdigte ihn im Park neben dessen Großmutter, Albertine von Seebach. In die Grabplatte ließ er nur einen einzigen Satz meißeln: *„Alles ist vergänglich."*

Am Säulenportal

In der Vorhalle des Liebhabertheaters

Vergänglichkeit ist das Schicksal aller Kultur. Auch die Auffassungen darüber, was Kultur überhaupt sei, unterliegen der Erosion der Geschichte.
Die „Jungen Pioniere", die in den Jahren nach 1952 ihr Ferienlager im Kochberger Schloßpark bezogen, waren sich keines Frevels bewußt. Bis zu tausend junge Leute wollten untergebracht, beköstigt und unterhalten sein. Auf den Wiesen standen große Zelte. Zu den Bauten des Parks gesellten sich Wasch- und Toilettenhäuser aus grauem Beton, eine Drahtseilbahn beförderte Essen von der Schloßküche ins Lager. Die Euphorie des Aufbruchs in eine neue, sozialistische Zukunft war überall spürbar: Parolen und Transparente zierten die Wände von Schloß und Theater, aus Lautsprechern klangen die Lieder der Arbeiterbewegung. Im Liebhabertheater wurde Tischtennis gespielt, wurden Matratzen und Decken gestapelt. Ein Großbetrieb der Stahlindustrie, der VEB Maxhütte aus Unterwellenborn, hatte diese Art der Nutzung des historischen Ensembles durchgesetzt. Daß sich Besucher der seit 1949 bestehenden Goethe-Gedenkstätte über Schikanen und Ausweiskontrollen beschwerten, galt da wenig. Die Zukunft war wichtiger als die Vergangenheit.
Aber auch die Zukunft ist wandelbar, und das schnellebigste aller Jahrhunderte sorgte auch in Kochberg für dramatischen Wandel.
Noch bis zu seinem Tod im Jahr 1938 hatte der letzte Nachkomme Charlottes, Felix von Stein, den alten Landsitz bewohnt. Als großer Verehrer seiner berühmten Vorfahrin und ihres Dichterfreundes bemühte er sich abermals um eine Renaissance des Kochberger Musensitzes und organisierte Aufführungen im Liebhabertheater. Ein selten gespieltes Stück aus Charlottes Feder, das „Neue Freiheitssystem", erlebte unter dem Titel „Die Verschwörung gegen die Liebe" eine glanzvolle Neuaufführung vor prominentem Publikum. Nach seinem Tod übernahm sein Neffe, der Offizier Graf Woldemar von Schwerin, das Gut Kochberg. Eva von Stein, die Witwe des letzten Stein, behielt Wohnrecht im Schloß und damit den Besitz von vielen alten Möbeln, Kunstwerken und Originaldokumenten aus Charlottes Zeit.
Als nach dem Ende des Zweiten Weltkrieges die sowjetische Armee auch in Kochberg einrückte und sich eine grundlegende Bodenre-

form ankündigte, verließ Graf Woldemar Thüringen in Richtung Westen, wie es heißt unter Mitnahme zahlreicher Wertgegenstände aus dem Schloß. Doch selbst Felix von Stein und seiner Familie wurde der Verkauf wertvoller Dokumente und Antiquitäten an auswärtige Kunsthändler nachgesagt.

Die Briefe Goethes an Charlotte von Stein befanden sich zu dieser Zeit längst im Bestand des Goethe- und Schillerarchivs in Weimar. Nach dem Tod Fritz von Steins waren sie aus dessen Besitz nach Kochberg zurückgekehrt und hatten lange Zeit im Schreibtisch des Goethezimmers gelegen. Eine Spendenaktion hatte schon um 1880 den Erwerb für 70.000 Goldmark und die Eingliederung in das neu begründete Archiv ermöglicht.

Eva von Stein bestätigte den sowjetischen Offizieren Höflichkeit und Respekt vor dem Kulturerbe. Das änderte selbstverständlich nichts an den Zielen der Bodenreform: 17 Neusiedler und 67 landlose oder landarme Bauern teilten sich fortan die 451 Hektar des Gutes.

Doch es erhob sich, zaghaft, die Stimme der Kultur. Waren nicht trotz aller Nachkriegswirren noch genügend Zeugnisse der Vergangenheit erhalten? Und immerhin stand für das Jahr 1949 Goethes 200. Geburtstag bevor.

Unter Schirmherrschaft des Rudolstädter Schloßmuseums gelang es dem örtlichen Kulturbund und anderen Kulturbeflissenen, die Einrichtung einer Gedenkstätte im Schloß durchzusetzen, zu der Eva von Stein ihre Schätze als Leihgabe stiftete. Man brachte Zeichnungen von Goethes Hand, Scherenschnitte, Gemälde und Manuskripte nach Kochberg und richtete, so gut es eben ging, vier Räume des Hohen Hauses ein, die noch heute an Charlotte und Goethe erinnern: den Roten Salon, den Blauen Salon, das Goethezimmer und das Altensteinzimmer.

Für die fachgerechte Restaurierung von Schloß und Park waren nur sehr bescheidene Mittel vorhanden. Die Gebäude verfielen zusehends, der Park verkam zur krautigen Wildnis. Den Pionieren im Lager mag die große Vergangenheit als eine Epoche der Dekadenz und Fürstenwillkür gegolten haben. Auch die Betreuung der Gedenkstätte durch die Nationalen Forschungs-und Gedenkstätten der Klassischen Deutschen Literatur seit dem Jahr 1964 vermochte kaum, das Klima der Ignoranz, ja der Kulturverachtung aufzubrechen. Erst 1968, nach dem Auszug des Kinder- und Jugendlagers, begann endlich die mühevolle Rekonstruktion – im Falle des Schlosses,

dessen Verfall erschreckend weit fortgeschritten war, ein Aufwand, der fast einem Neubau gleichkam.
Der Park war mit den Jahren gänzlich unkenntlich geworden. Landschaftsplaner reichten phantasievolle Pläne ein, doch fand sich ein Katasterplan aus dem Jahr 1869, dem man folgen konnte. So war der romantische Parkzustand wieder vorstellbar geworden, wie ihn die Kinder Karl von Steins erlebt haben mochten. Doch sperrte inzwischen ein Schwimmbad, das oberhalb des Schloßparks errichtet worden war, dem Badeteich das Wasser ab. Das Liebhabertheater sollte ebenfalls wieder seiner ursprünglichen Bestimmung dienen, wurde sorgfältig rekonstruiert und später mit liebevoll von Hand gefertigten Marmortapeten dekoriert. Im Mai 1975 konnten sowohl die Gedenkstätte im Schloß als auch das Theater neu eröffnet werden. Das Schloß diente fortan als Arbeits-und Erholungsstätte für Schriftsteller und Künstler. Noch heute finden in dem kleinen Theater Aufführungen, Lesungen und Konzerte statt. Die Gedenkstätte, heute zur Stiftung Weimarer Klassik gehörig, erfreut sich wachsender Besucherzahlen, und so mancher Gast entschließt sich, für einige Tage in der Hotelpension Schloß Kochberg zu verweilen, nur ein oder zwei Stockwerke über den Gemächern, in denen Goethe und Charlotte von Stein einst tiefe Blicke tauschten.

Holzsteg zum Kornhaus

Kornhaus

Die steinerne Schloßbrücke

Ostflügel des Schlosses

Epilog

1999 feiert man in Weimar, in Deutschland und der Welt Goethes 250. Geburtstag.
Wie lassen sich 250 Jahre überblicken und erlebbar machen?
Man kann die Werke der Historiker und der Germanisten befragen, bis einem die Jahreszahlen, die Namen und Ereignisse wie Hummeln im Kopf herumschwirren.
Man kann hinaufsteigen zum Luisenturm auf dem Hummelsberg, oberhalb von Groß- und Kleinkochberg. James Patrick von Parry, Ehemann von Charlottes Enkeltochter Luise, ließ ihn im Todesjahr seiner Frau 1864 errichten. Von dort blickt man weit ins Land bis zu den Höhen des Thüringer Waldes, jenes Landes also, das Goethe so liebte und das er durchwanderte, zeichnete und beschrieb, das ihn und das auch er prägte.
Vom Luisenturm kann man die Turmspitze von Schloß Kochberg sehen.
Auf dem Rückweg kreuzt man den Wanderweg, den Goethe so oft von Weimar aus ging. Eine Tafel nennt liebevoll die Etappen.
Man kann Goethe lesen, seine Gedichte und seine Briefe an Charlotte, und erfährt doch nur die Hälfte der Wahrheit. Charlottes Grab auf dem historischen Friedhof in Weimar gibt nichts von ihrer Geschichte preis.
Oder man kann die Orte der Weltliteratur besuchen und sich seinen eigenen Reim darauf machen.
Die Erinnerung ist allemal trügerisch.

Literatur

Bode, Wilhelm:
Goethes Leben
Bd.4, *Die Geniezeit (1776-1781)*, Berlin 1922
Bd.5, *Pegasus im Joche (1781-1786)*, Berlin 1925
Bd.6, *Die Flucht in den Süden (1786-1787)*, Berlin 1923
Bd.7, *Rom und Weimar (1787-1790)*, Berlin 1923

ohne Autorenangabe:
In Kochberg, dem Reiche der Charlotte von Stein, Leipzig 1936

Ehrlich, Willi:
Schloß Kochberg, Probleme der Neugestaltung, in: Neue Museumskunde 20, 1977
ders.:
Schloß Kochberg, Goethe-Gedenkstätte, Weimar 1981

ohne Autorenangabe:
Geliebte, Freundin – Goethes Briefe an Charlotte von Stein nach Großkochberg, München 1979

Biedrzynski, Effi:
Goethes Weimar. Das Lexikon der Personen und Schauplätze, Zürich 1994

Förster-Stahl, Heidemarie:
Geschichte des Liebhabertheaters von Schloß Kochberg, Ilmenau 1994

Maurer, Doris:
Ich kann nicht instinktmäßig lieben – Charlotte von Stein, Weimar 1995
Charlotte von Stein. Eine Biographie, Frankfurt am Main u. Leipzig 1997

Klauß, Jochen:
Charlotte von Stein – Die Frau in Goethes Nähe, Düsseldorf und Zürich 1997

Tudyka, Klaus:
Gott im Himmel was ist Weimar für ein Paradies, Warendorf 1997

Tudyka, Klaus:
Mann von Stein – Monolog des Dritten im Bunde, Warendorf 1997

Hacks, Peter:
Ein Gespräch im Hause Stein über den abwesenden Herrn von Goethe, Hamburg 1998

Blick auf Großkochberg

Familiengräber im Schloßpark

Gräber der Steins auf dem Friedhof in Großkochberg

Die Abbildungen auf den Seiten 2, 15, 27, 28 u. 51
veröffentlichen wir mit freundlicher Genehmigung der Stiftung Weimarer Klassik

Zwischen den Zeiten
Herausgegeben von Bernd Erhard Fischer

Die Deutsche Bibliothek - CIP-Einheitsaufnahme
Schloß Kochberg – Goethe bei Frau von Stein
Fotogr. von Angelika Fischer. Text von Bernd Erhard Fischer
Berlin : be.bra-Verl., 1999
(Zwischen den Zeiten)
ISBN 3-930863-66-9

Zehdenicker Straße 1, 10119 Berlin
email: bebraverlag@t-online.de
http: // www.bebraverlag.de
Lektorat : Gabriele Dietz, Berlin
Gestaltung und Herstellung: Atelier Fischer
Zeichnungen im Vorsatz: Tonja Heilmeyer
Gesetzt in der Perpetua, 11pt, Perpetua italic, 9 und 11,5 pt
und in der Formata, 9,5 pt
Reproduktion : Bildpunkt GmbH, Berlin
Druck : Messedruck Leipzig
Verarbeitung : Kunst-und Verlagsbuchbinderei, Leipzig
ISBN 3-930863-66-9